Pare la ansiedad y los ataques de pánico

La mejor guía para principiantes para superar la depresión, la ansiedad social y el pensamiento negativo

Por Louise Jiannes

Para obtener más libros visite:

HMWPublishing.com

Consigua otro libro gratis

Quiero agradecerle por comprar este libro y ofrecerle otro libro (largo y valioso como este libro), "Errores de salud y de entrenamiento físico que no sabe que está cometiendo", completamente gratis.

Visite el siguiente enlace para registrarse y recibirlo: www.hmwpublishing.com/gift

En este libro, voy a desglosar los errores más comunes de salud y de entrenamiento físico, probablemente estés cometiendo en este momento, y le revelaré cómo puede llegar fácilmente a la mejor forma de su vida.

Además de este valioso regalo, también tendrá la oportunidad de obtener nuestros nuevos libros de forma gratuita, participar en sorteos y recibir otros correos electrónicos de mi parte. De nuevo, visite el enlace para registrarse: www.hmwpublishing.com/gift

ÍNDICE

Introducción   7

Capítulo 1: Comencemos   11
Entendiendo el problema de la ansiedad   11
¿Cómo es la ansiedad una reacción normal?   12
¿Cómo es la ansiedad un problema?   13
Descripción general de los trastornos de ansiedad y sus síntomas   15
Trastorno de ansiedad generalizada (TAG)   15
Trastorno de Pánico   17
Fobias Específicas   19
Trastorno de ansiedad social   20
Trastorno obsesivo-compulsivo (TOC)   22
Comprender las causas de los trastornos de ansiedad   25
Entorno prenatal   25
Experiencia en la primera infancia   27
Temperamento   30
Modelado   33
Adjunto   35
Trauma   36
Consideraciones médicas y relacionadas con las sustancias   38
¿Es malo estar ansioso?   40

Capítulo 2: ¿Está seguro de que es ansiedad?   **43**
Cómo ver al médico   44
¿Qué hará el médico?   45
¿Cómo debo hablar con el médico?   46
¿Qué sucederá después?   47
Esperar y ver   47

Tranquilizantes 48
Otros medicamentos 48
Consejería 48
Derivación a una Unidad de Salud Mental 49

Capítulo 3: Cómo tratar los síntomas físicos **50**
Respiración controlada 51
Relajación muscular progresiva 54
Reducir el consumo de cafeína 58

Capítulo 4: Formas prácticas de ayudar a superar la ansiedad **61**
Haga una pausa 61
Aceptación 63
Eliminar lo innecesario 65
Haga un poco de auto conversación positiva 68
Involucrarse en actividades físicas 71
Examinando Su Dieta 74
Alimentos que alivian la ansiedad 74
Coma alimentos con nutrientes 75
Antioxidantes Esenciales en su Plato 76
Coma los "carbohidratos correctos" para calmar su mente 77
Alimentos que pueden ayudar con la ansiedad 77
Tuercas 78
Frutas y hortalizas frescas 78
Manzanilla y té verde 79
Pan integral 79
Queso fresco 79
Avena 79
Alimento para el cerebro 79

Dormir lo suficiente 80
Relaje su respiración 81
Meditación 84
Relaje sus músculos 86
Practicando el Mindfulness 90
Convierta los miedos en inspiraciones 92

Capítulo 5: Plan de Acción I - Tratando con pensamientos ansiosos **95**
¿Cómo empezar? 101
Preparar un registro del pensamiento 101
Determine los pensamientos realistas a partir de los pensamientos ansiosos 102
Evaluación 103

Capítulo 6: Plan de acción II - Cómo tratar las preocupaciones **104**
Entendiendo la preocupación 104
¿Cómo se puede manejar la preocupación? 108

Capítulo 7: Plan de Acción III - Tratando con la evasión **110**
Tres cosas que usted puede hacer para manejar la evasión 112

Palabras finales **114**

Conclusión **117**

Sobre el Co-Autor **118**

Introducción

Este libro, *Un enfoque de autoayuda para superar la ansiedad: Eliminar el Pensamiento Negativo, las Inseguridades, las Preocupaciones y la Depresión* contiene pasos y estrategias comprobadas sobre cómo manejar la ansiedad.

No importa cuán fuerte, bien educado o ejemplar haya sido en la vida, no puede negar el hecho de que en un momento u otro debió sentirse ansioso. No hay un solo ser humano vivo que no haya sufrido o experimentado ansiedad en su vida. Esta afirmación es suficiente para afirmar que la ansiedad es perfectamente normal, y que las personas que sufren de ansiedad son personas normales y corrientes.

Esto nos lleva a la pregunta más importante que se espera que el libro responda: ¿qué es la ansiedad? La ansiedad es una emoción que el cuerpo humano produce cuando se enfrenta a situaciones de amenaza o cuando el individuo siente que no será capaz de hacer frente a la situación por sí mismo. Si intenta enumerar las situaciones o circunstancias que le han causado ansiedad, estoy seguro de que enumerará algo como una "primera entrevista de trabajo" o un "discurso público", por nombrar algunos.

Las situaciones y circunstancias que le pondrán ansioso no se pueden predecir con ningún porcentaje de probabilidad dado el hecho de que las situaciones que percibe como amenazantes pueden no serlo para mí, así que mi cuerpo no reacciona de la misma manera que su cuerpo. La intensidad de esta percepción también varía de un individuo a otro, al igual que la reacción. Es precisamente tan simple como esto.

Dicho esto, algunas personas se sienten ansiosas por cosas que de otro modo no se consideran más amenazadoras que otras, y la reacción generada por ellas también es bastante grave. Esta reacción puede ser insoportable para algunas personas hasta el punto de que comienza a interferir con su vida cotidiana, dificultando la forma en que llevan sus vidas. Hacer frente a estas situaciones y a las personas que las padecen puede ser bastante difícil.

Si usted es alguien que se enfrenta al problema de la ansiedad o está asociado con alguien que lo está, este libro es una guía perfecta para ayudarle a entender el problema. Además, también le ayudará a aprender técnicas y maneras de lidiar con tales situaciones inmediatamente y a largo plazo.

Antes de comenzar, comience con una mente abierta, y de ninguna manera considérese a usted mismo o al individuo que enfrenta el problema de ansiedad como "anormal". La situación es difícil, pero es manejable. Lea el libro para saber por qué y cómo. ¡Espero que lo disfrute!

Capítulo 1: Comencemos

Entendiendo el problema de la ansiedad

Aunque el problema de la ansiedad es desagradable y excesivamente perturbador tanto para la persona afectada como para las personas que la rodean, la ansiedad es absolutamente normal e inofensiva. Algunos de los síntomas iniciales que una persona puede experimentar debido a la ansiedad incluyen aumento de la frecuencia cardíaca, nerviosismo y dificultad para respirar, además de otros. De hecho, la lista de síntomas que se clasifican como una respuesta de ansiedad es bastante extensa. Esta respuesta suele ser desencadenada por una situación que parece ser amenazante para el individuo.

¿Cómo es la ansiedad una reacción normal?

Cuando un individuo se enfrenta a una situación que su cuerpo considera amenazante y potencialmente dañina, el cuerpo responde con reacciones físicas y mentales para ayudar al individuo a lidiar con la situación. Por lo tanto, los síntomas de ansiedad están presentes con la intención de ayudar al individuo en tiempos de crisis. Esto hace que la ansiedad sea una respuesta corporal útil.

Por ejemplo, si usted está parado en la cima del acantilado, es probable que experimente una reacción de ansiedad. Su frecuencia cardíaca puede aumentar, sus manos se sienten húmedas, o tal vez sus músculos se tensan. La intención detrás de esta reacción es motivarle a retroceder y salvarle del daño potencial de caerse del acantilado. Técnicamente, tal respuesta corporal se llama respuesta de "pelear o escapar". Esta respuesta corporal es una respuesta condicionada y desarrollada por el cuerpo humano como resultado de las experiencias que hemos tenido en nuestras vidas. El aumento de la frecuencia cardíaca aumenta el flujo sanguíneo en los músculos del cuerpo, y la respiración alta mejora el flujo de oxígeno en el cuerpo. La mayoría de los otros síntomas están destinados a preparar al cuerpo para el peligro que se avecina. Una vez que el peligro ha pasado, el cuerpo vuelve a la normalidad.

¿Cómo es la ansiedad un problema?

Si la ansiedad es una respuesta tan normal del cuerpo humano, ¿qué la convierte en un problema tan grande? ¿Por qué algunas personas se sienten extremadamente ansiosas en algunas situaciones mientras que otras lo consideran normal y no amenazante? Los antecedentes y las experiencias pasadas del individuo son en gran medida responsables de cómo reacciona ante una situación.

Los cuatro fundamentos de la ansiedad son el pensamiento, la emoción, la respuesta y el comportamiento de evitación. Elaborando sobre estos cuatro fundamentos de la ansiedad y su respuesta, los pensamientos del individuo están llenos de negatividad, previendo la ira y la amenaza potencial. Por otra parte, el individuo también comienza a creer que él o ella no será capaz de hacer frente a estos pensamientos, ya que parecen demasiado abrumadores. Estos pensamientos dan lugar a emociones de nerviosismo, que se reflejan en síntomas físicos como temblores. La experiencia altera el comportamiento del individuo para siempre. El individuo comenzará a temer tales situaciones y tratará de evitarlas, añadiéndose al miedo aún más.

Ahora que tiene una idea del problema y de lo que la ansiedad es capaz de hacerle, el resto del libro se centra en ayudarle a lidiar con la ansiedad tanto a nivel psicológico como fisiológico. A lo largo del resto de este libro, trate de aplicar los consejos que aquí se ofrecen a su propia situación para lograr el mejor resultado: el alivio de la ansiedad.

Descripción general de los trastornos de ansiedad y sus síntomas

Trastorno de ansiedad generalizada (TAG)

Si usted tiene TAG, preocuparse puede ser su pasatiempo principal. Los sucesos cotidianos le preocupan más que a los que le rodean. Un aluvión de "qué pasa si" puede arruinar una actividad simple como ir al supermercado, hacerse un chequeo médico o enviar a su hija a la escuela el primer día de clases. "¿Qué pasa si el coche se pincha? ¿Qué pasa si el médico encuentra algo mal? ¿Qué pasa si a mi hija no le gusta su nueva maestra, se olvida de su almuerzo, se cae y se raspa la rodilla en el recreo y luego los niños se ríen de ella y luego se le infecta la rodilla?". La lista puede seguir.

Junto con esta preocupación crónica puede venir el malestar físico crónico de dolores de estómago u otros trastornos gastrointestinales, dolores de cabeza por tensión, y la fatiga que viene de estar constantemente nervioso.

Si usted tiene TAG, la terapia o las técnicas de autoayuda pueden ayudarle a recuperar el sentido de bienestar emocional que viene con renunciar a sus preocupaciones constantes y al bienestar físico que ocurre cuando su cuerpo ya no está operando en un estado de estrés crónico. La vida no tiene por qué ser una simple progresión de una preocupación a otra. La terapia puede ayudar a reintroducirle en la riqueza y plenitud de una vida libre de ansiedad crónica.

Trastorno de Pánico

Si usted tiene trastorno de pánico, ha tenido al menos un ataque de pánico. Al igual que mi ataque descrito anteriormente, consiste en un episodio en el que se experimenta un miedo intenso acompañado de sensaciones físicas como latidos cardíacos acelerados, falta de aliento y sudores fríos o calientes, por nombrar sólo algunos. Las personas que experimentan tales ataques a menudo temen que están teniendo un ataque cardíaco u otra emergencia médica. También puede temer que está perdiendo el control de la realidad y pensar que se está volviendo "loco".

Sin embargo, si usted tiene trastorno de pánico, probablemente se preocupe con frecuencia de cuándo y dónde podría tener otro ataque de pánico. Juega posibles escenarios de su próximo ataque en su mente y empieza a evitar los lugares donde teme que ocurra otro ataque. Algunas personas se vuelven tan temerosas de tener un ataque de pánico en un lugar público que rara vez se aventuran a salir de su casa.

Esta preocupación anticipada por los ataques de pánico y la evitación es lo que distingue a las personas con trastorno de pánico de aquellos que, como yo, tienen un ataque de pánico ocasional. Con tratamiento, el miedo de tener un ataque de pánico ya no gobernará su vida. Usted puede aprender que, por más contraintuitivo que parezca, incluso un ataque de pánico no es motivo para que cunda el pánico. A medida que el pánico pierde su poder, usted puede recuperar el sentido de agencia y competencia que perdió por el miedo al pánico y más.

Fobias Específicas

Las fobias son un miedo extremo a una cosa o situación en particular. Las fobias específicas comunes incluyen el miedo a las cucarachas, arañas, serpientes, agujas, alturas, etc. Si usted tiene una fobia, reconoce que su miedo es irracional. No hay ninguna razón lógica en la que pueda pensar para que la visión de su objeto o situación fóbica inspira un terror tan extremo. Pero razona consigo mismo como pueda, su miedo extremo no disminuye.

Al igual que las personas con trastorno de pánico, es probable que evite lo que teme. Pero a diferencia de las personas con trastorno de pánico, es probable que no dedique mucho tiempo a preocuparse por encontrar su objeto o situación fóbica. Por lo tanto, las fobias generalmente no afectan la vida de las personas de manera tan generalizada como lo hacen los otros trastornos de ansiedad que se tratan en este libro. Por esa razón, las personas son menos propensas a entrar en terapia para el tratamiento de una fobia. Sin embargo, si usted tiene una fobia, el tratamiento bien vale la pena. Existen muchos tratamientos simples y efectivos para las fobias. En lugar de tratar de mantenerse alejado de su fobia por el resto de su vida, se recomienda que pruebe el tratamiento.

Trastorno de ansiedad social

Si tiene un trastorno de ansiedad social, lo más probable es que tenga un miedo intenso a ser visto, criticado o juzgado por otros. Esto probablemente le lleva a limitar sus actividades sociales y a restringir su vida profesional o académica. Es posible que tenga miedo de ir a fiestas, participar en clase o asistir a reuniones del personal. Hablar en público también puede ser insoportable para usted. Es posible que sienta temor durante días o semanas en anticipación de las situaciones o eventos que teme, o que los evite por completo.

Del mismo modo, su elección de trabajo y su decisión de seguir o renunciar a la educación superior podrían estar dictadas por sus miedos y evasiones debido a la ansiedad social. En algunos casos, las personas con trastorno de ansiedad social severo tienen miedo de contestar el teléfono, comer o escribir delante de otros, o usar los baños públicos. Los síntomas físicos asociados con este trastorno incluyen palpitaciones cardíacas, desmayos, ruborización y sudoración profusa cuando se enfrenta a las situaciones sociales que teme, lo que le da otra razón para evitarlas.

Con el tratamiento, las situaciones sociales ya no desencadenarán este caldo de cultivo de incomodidad física y malestar emocional.

Trastorno obsesivo-compulsivo (TOC)

Recientemente ha habido muchas representaciones de personajes con trastorno obsesivo-compulsivo en películas y programas de televisión. Muestran a personas que tienen tanto miedo de ser contaminadas por gérmenes que se lavan las manos compulsivamente, usan guantes en público y siempre tienen un desinfectante de manos cerca. O puede que haya visto a un personaje que necesita encender y apagar cada una de las luces tres veces al entrar o salir de una habitación o realizar otros rituales repetitivos de comprobación y recuento a lo largo del día. Todos estos comportamientos se ajustan a algunos de los muchos síntomas del TOC.

Si tiene TOC, experimenta pensamientos persistentes y recurrentes (obsesiones) que se centran en un tema determinado, como el miedo a la contaminación por gérmenes. Para calmar estos miedos, usted generalmente desarrolla un ritual o rutina (compulsión) que calma la ansiedad provocada por la obsesión recurrente. Otros rituales compulsivos pueden incluir la repetición de frases o tareas, la acumulación de objetos y la necesidad de que los objetos físicos de su entorno sean perfectamente simétricos o estén alineados. Independientemente de la obsesión particular o el comportamiento de respuesta, si tiene TOC, siente como si tuviera que participar en su ritual particular (o en algunos casos, una evasión) cuando sus pensamientos obsesivos ocurren. El tratamiento puede ayudarlo a ir más allá de sus obsesiones hacia una forma de vida en la que sus obsesiones y compulsiones ya no lo mantienen como rehén.

Usted puede ver que común a todos los trastornos de ansiedad es una sensación generalizada de miedo e inquietud que interfiere con su capacidad para sentir que está bien y que afecta su cuerpo y su mente. Las personas con trastornos de ansiedad son más propensas a experimentar niveles más altos de malestar físico relacionado con la ansiedad y a notar estas sensaciones de manera más aguda que alguien sin un trastorno de ansiedad. También es más probable que malinterpreten y reaccionen de manera exagerada ante estos síntomas, creando a menudo un círculo vicioso. En respuesta, las personas a menudo buscan la ayuda de los médicos para corregir los síntomas físicos causados por un trastorno de ansiedad. De hecho, en 1999, un estudio encargado por la

Anxiety Disorder Association of America descubrió que los estadounidenses gastaron más de $22.84 mil millones en visitas repetidas a centros de salud debido a los síntomas físicos de los trastornos de ansiedad.

Por suerte, hay una solución. Con una terapia eficaz, el alivio de este ciclo de autoperpetuación está al alcance de la mano.

Comprender las causas de los trastornos de ansiedad

Entorno prenatal

Desde el útero, podemos ser afectados por el estrés de nuestra madre. La madre y el feto en desarrollo comparten la misma sangre, y las hormonas del estrés producidas por la madre atraviesan la barrera de la sangre de la placenta. Por lo tanto, el estrés de una madre embarazada puede tener un efecto en cascada: el estrés que experimenta la madre puede transmitirse al cuerpo del niño en desarrollo a través de un aumento de las hormonas del estrés. Por supuesto, las mujeres embarazadas, como cualquier otra persona, experimentan los altibajos de la vida, y el estrés resultante se refleja fisiológicamente. Los niveles moderados de estrés son típicos y no se ha demostrado que dañen el desarrollo en el útero del bebé. Sin embargo, el aumento del estrés durante un período prolongado hará que el sistema de la madre mantenga una cantidad excesiva de hormonas del estrés, que inundan el sistema nervioso en desarrollo del recién nacido, impulsando al bebé a un estado de estrés crónico.

Según algunos investigadores, se ha demostrado que las madres que experimentan una cantidad significativa de ansiedad durante el embarazo tienen bebés que muestran muchos marcadores de un sistema nervioso demasiado cargado. Desde el temperamento hasta el desarrollo motor, los niveles de estrés en el útero parecen marcar la diferencia. Los embarazos altamente ansiosos tienden a producir bebés ansiosos. Por lo tanto, las emociones de la madre embarazada y el entorno en el útero resultante se correlacionan con la reactividad fisiológica y emocional del bebé.

Experiencia en la primera infancia

El cerebro del bebé puede considerarse como una vasta red de posibilidades. Cuando un niño llega a los ocho meses de edad, se estima que posee mil billones de conexiones sinápticas, el doble que el adulto promedio. Si el cerebro fuera una autopista de la información, las neuronas serían el pavimento que compone las carreteras. Las neuronas se conectan entre sí en cruces llamados sinapsis, como las vías de un gran conjunto de trenes, demasiado intrincadas para trazar un mapa completo, con senderos exponencialmente más interconectados que las carreteras en cualquier mapa de la ciudad. Es a partir de esta sobreabundancia de posibles canales que las carreteras se refuerzan y refuerzan con el uso o se desechan por falta de uso.

Las experiencias durante la vida de un individuo determinan qué caminos se refuerzan y cuáles se descartan. Este proceso, conocido como poda, ocurre principalmente durante los primeros doce años de vida, pero los 1-3 años de vida son el período más crítico de poda. Por ejemplo, cuando un bebé practica el agarre de una pelota de goma, se refuerzan las conexiones neuronales que facilitan el agarre. De la misma manera, si un bebé llora y recibe consuelo constantemente en respuesta, se pavimentarán las vías neurales. Si los llantos de un bebé traen un trato duro o no traen a nadie en absoluto, el cerebro pavimentará un camino completamente diferente. Por lo tanto, un adulto tiene sólo la mitad de las sinapsis de un niño de ocho meses, y fueron pavimentadas de manera robusta y selectiva.

El proceso de poda está profundamente influenciado por la relación entre el niño y sus padres. La información del bebé sobre el mundo proviene principalmente de aquellos que lo sostienen, lo alimentan, lo cambian y lo cuidan de otra manera. Por lo tanto, las relaciones entre lactantes y cuidadores tienen un fuerte impacto en el primer pavimento de la red de carreteras neuronales. El bebé depende de las relaciones para que se satisfagan sus necesidades más básicas. Por lo tanto, cuando hay alguna fisura en el apoyo relacional, puede tener efectos de gran alcance en la colocación y el tráfico de carreteras neuronales. Desafortunadamente, los bebés que experimentan mucho estrés o trauma se adaptan de tal manera que mantienen o producen niveles excesivos de hormonas del estrés incluso en situaciones de rutina que otros bebés no encontrarían amenazantes.

De nuevo, experimente la expresión genética de los colores. ¿Pero qué hay de las características que parecen más innatas, más consistentes con el tiempo y resistentes a la coloración de la experiencia? El temperamento es una construcción.

Temperamento

Los niños nacen con temperamentos diferentes. Muchos padres, que a menudo reportan diferencias marcadas en la personalidad de sus hijos, corroboran la idea de un temperamento innato.

La investigación en el campo de la psicología del desarrollo apoya estas observaciones informales de los padres. El temperamento es un componente del estilo de la personalidad, y como tal permanece estable a lo largo del tiempo. Aaron Beck, un psiquiatra bien conocido por su tratamiento de la ansiedad y la depresión, descubrió que las diferencias de temperamento contribuyen a las diferentes reacciones al estrés y a las formas de hacerle frente. Jeffrey Young, psicólogo y autor de Schema Therapy, identificó tales rasgos temperamentales innatos en los bebés como ansiosos v. calmados e irritables v. estables.

Jerome Kagan, un investigador en psicología del desarrollo, encontró que entre el 15% y el 20% de los niños estadounidenses y europeos nacieron con un "estilo temperamental inhibido conductualmente". En otras palabras, ciertos bebés con el estilo inhibido estaban inusualmente ansiosos en nuevas situaciones y mostraban respuestas fisiológicas tales como latidos cardíacos rápidos y niveles más altos de hormonas de estrés. También encontró que los bebés varones inhibidos se convirtieron en niños tímidos, mientras que las niñas inhibidas se convirtieron en niñas inquietas. No es un gran salto plantear la hipótesis de que un niño pequeño que muestra un aumento en los latidos del corazón y en los niveles de cortisol en situaciones novedosas podría ser propenso a desarrollar un trastorno de ansiedad en la edad adulta. Sin embargo, es importante notar que un temperamento ansioso al principio de la vida no establece nada en piedra sobre la vida posterior.

Aunque los adultos con trastornos de ansiedad a menudo mostraban respuestas inhibidas cuando eran niños, no todos los niños con temperamentos ansiosos se convierten en adultos ansiosos. Este hecho sugiere que otras variables afectan el resultado. Hemos visto cómo el ambiente en el útero y las relaciones entre el bebé y el cuidador pueden colorear la expresión poligénica de la ansiedad. Sabemos que los ambientes familiares relajantes y enriquecedores pueden mitigar los estilos innatos de la personalidad. En la infancia, el modelado y los estilos de apego aprendidos son críticos para el establecimiento de caminos neuronales y los mapas que resultan de ellos. Esto puede beneficiar al niño cuando un niño con un temperamento ansioso aprende medios de adaptación para sobrellevar la situación por parte de los cuidadores. Desafortunadamente, la importancia de modelar puede ir en detrimento del niño cuando los cuidadores modelan comportamientos menos adaptables y más ansiosos.

Modelado

El cuidado emocional constante de los padres predice un desarrollo cognitivo y emocional óptimo y saludable por parte del niño. Los estilos de crianza que crean desnutrición emocional tienen consecuencias para el crecimiento emocional y cognitivo del niño.

No es de extrañar que la percepción que tiene el niño de las actitudes y expresiones de ansiedad de sus padres influya y alimente su desarrollo emocional. Nuestras acciones, palabras, lenguaje corporal, los riesgos que tomamos, los riesgos que evitamos, comunican a nuestros hijos si el mundo es un lugar donde podemos prosperar, o si debemos permanecer al margen, temerosos y reticentes a cada paso.

Los padres sobreprotectores lesionan inadvertidamente a sus hijos al insinuar que el mundo es inseguro y que los niños carecen de los recursos para hacer frente a los desafíos. A menudo explican con gran detalle las terribles consecuencias que pueden ocurrir en sus hijos cuando se aventuran en el mundo.

La paternidad ansiosa también daña a los niños al engendrar una falta de auto-agencia, la sensación de que ellos, y no otra persona, son los agentes que producen el resultado deseado. En otras palabras, un estudiante cuyos padres editan excesivamente sus documentos escolares probablemente no ganaría un sentido de auto-agencia con respecto a su trabajo escolar y finalmente dudaría de su propia habilidad para tener éxito académicamente.

Del mismo modo, los padres sobreprotectores impiden el desarrollo de la autoeficacia, la sensación de que se pueden tomar medidas eficaces. Los individuos con autoeficacia disminuida son menos resistentes al estrés y subestiman sus recursos.

Adjunto

Cuando hay una falta de apoyo y sintonía emocional en las relaciones entre el bebé y los padres y la infancia, surgen estilos de apego menos que óptimos. Los expertos en traumas señalaron que algunas madres ansiosas tenían una capacidad disminuida para responder con sensibilidad a las necesidades de sus hijos, ya sea porque no respondían a las necesidades de sus hijos o porque reaccionaban de forma exagerada ante ellas. El resultado fue que cuando los niños se angustiaron, en lugar de buscar el consuelo de sus padres, se distanciaron de ellos. Esto tiene sentido, dado que los niños no experimentaron que sus madres respondieran a sus necesidades. No sólo desarrollaron un patrón de buscar el aislamiento en lugar de la interacción, sino que tampoco recibieron los cuidados necesarios para aprender eventualmente técnicas de autocalentamiento, una habilidad esencial para manejar sus propias emociones a lo largo de sus vidas.

Trauma

Es ampliamente reconocido que el trauma infantil que resulta de abuso, negligencia, o enfermedad o lesiones que requieren intervenciones médicas invasivas afecta el desarrollo del cerebro y por lo tanto moldea las conductas y reacciones futuras.

Allan Schore, el escritor de neurociencias e investigador de psiquiatría, escribió, "los eventos desreguladores del abuso y la negligencia crean alteraciones bioquímicas caóticas en el cerebro del bebé". El trauma también altera significativamente los neuroquímicos que viajan a lo largo de las redes, lo que puede aumentar el riesgo de desarrollar ansiedad y de disminuir la resistencia al estrés. El mensaje codificado en el cerebro como resultado del trauma de la infancia es que el mundo es inseguro. El peligro acecha. Estos efectos dañinos del trauma pueden ser el resultado de eventos prolongados o agudos e incluso de eventos posteriores en la vida.

Consideraciones médicas y relacionadas con las sustancias

Al explorar qué hay detrás de los síntomas de ansiedad, es importante recordar la intrincada conexión entre el cuerpo físico y las emociones. No todas las personas que tienen síntomas físicos de pánico o ansiedad tienen un trastorno de ansiedad. Algunas afecciones médicas son causas reales y tratables de la angustia fisiológica y psicológica asociada con los trastornos de ansiedad. La falta de aliento que hace que las bolas de nieve se conviertan en hiperventilación puede deberse a un asma no diagnosticada o mal tratada. Las palpitaciones del corazón relacionadas con el pánico pueden ser causadas por hipertiroidismo o arritmias cardíacas o ciertos medicamentos. Los temblores y los sudores fríos pueden ser síntomas de hipoglucemia. Los desequilibrios hormonales, incluyendo aquellos que algunas mujeres experimentan durante la menopausia, pueden afectar dramáticamente la intensidad de la ansiedad.

Lo que tomamos en nuestro cuerpo también puede ser la fuente de una mayor ansiedad. Las drogas psicoactivas callejeras, como la speed o la cocaína, son a menudo el primer ejemplo que viene a la mente. Menos obvios son los efectos secundarios de algunos medicamentos recetados, como los esteroides en algunos inhaladores para el asma, o el uso excesivo de medicamentos de venta libre, como los medicamentos para el dolor de cabeza o para el resfriado que no causan somnolencia y que contienen acetaminofeno y cafeína. Es fácil subestimar los efectos de estimulantes aparentemente leves como la cafeína o la nicotina que pueden acumularse gradualmente en el día a día. Las alergias alimentarias leves y no diagnosticadas también pueden ser fuente de ansiedad. Al considerar las causas de la ansiedad, es erróneo saltar a explicaciones psicofisiológicas antes de descartar causas médicas o relacionadas con las sustancias. Un viaje al médico puede ser tan crucial como un viaje al psicoterapeuta.

¿Es malo estar ansioso?

Es natural pero no útil concentrarse sólo en los aspectos negativos de la ansiedad. Claro, sufre más de lo necesario, y se pierde algunos de los placeres de hoy porque se preocupa por el mañana. Sin embargo, estar ansioso no es tan malo. Debido a su ansiedad, usted es cuidadoso, alerta y cauteloso. Rara vez comete errores por descuido. Usted está preparado para cualquier eventualidad.

Conozco a algunas personas que están ansiosas. Generalmente son cuidadosas con lo que ponen en sus cuerpos, y leen los insertos sobre los efectos secundarios de sus prescripciones. Piensan cuidadosamente sobre los riesgos y las decisiones. Miran hacia adelante en busca de los baches en las calles y se las arreglan para evitar a todo el mundo. Ellos anticipan lo que puede salir mal en sus vidas e intentan hacer lo mejor que pueden para evitar estas posibilidades.

Por supuesto, usted no quiere sufrir ansiedad intensa, y no tiene que hacerlo. Pero usted puede permitirse disfrutar y apreciar el lado positivo de la ansiedad mientras la tenga. La precaución, el cuidado e incluso la vigilancia son cualidades valiosas.

Los trastornos de ansiedad le roban el placer del ahora mientras se concentra intensamente en los miedos del futuro. Su ansiedad puede sobrecargar sus relaciones, restringir sus actividades, agotar su confianza en sí mismo y comprometer la facilidad con la que navega en su vida. Pero a pesar de todos estos desafíos, como la mayoría de las personas que están plagadas de ansiedad, usted es más fuerte de lo que piensa.

La Hermana Misionera Busche dijo: "Somos como saquitos de té: no sabemos nuestra fuerza hasta que estamos en agua caliente". A medida que enfrenta los desafíos de superar un trastorno de ansiedad, espero que se deleite en el descubrimiento de los recursos internos dentro de sí mismo que apenas está comenzando a explotar.

Capítulo 2: ¿Está seguro de que es ansiedad?

Aquellos que experimentan su primer ataque de pánico podrían pensar que tienen un ataque cardíaco. Como resultado, alguien podría llamar a una ambulancia de emergencia. Una vez admitidos, se les realizarán algunas pruebas y sólo para indicar que es pánico. Una reacción típica sería la vergüenza y la duda, pero lo que importa es que hayan sido revisados por un médico y que comprendan lo que les sucedió. Sin embargo, al otro lado del medidor, algunos padecen esta enfermedad desde hace años sin que se les haya diagnosticado profesionalmente, sin que se lo digan a nadie y sin recibir ayuda alguna.

Cómo ver al médico

Todas las personas necesitan ser revisadas por un médico al que puedan hablar de sus síntomas y obtener un diagnóstico adecuado. Hay algunas enfermedades físicas cuyos síntomas se asemejan a los de la ansiedad, por lo que es necesario aclarar si usted está sufriendo alguna de esas enfermedades. Ahora, si usted tiene un problema de tiroides, no hay necesidad de que revise más a fondo este libro ya que este tipo de enfermedad puede ser tratada con medicamentos.

¿Alguna vez ha visto a su médico? Si no es así, entonces, es hora de que le revisen a sí mismo. Si le preocupa hacer esto, opte por tener a alguien que le acompañe como apoyo. Lo que debe tener en mente es que, si el resultado del diagnóstico es un trastorno de ansiedad, sepa que es una enfermedad y no su culpa. No debería avergonzarse de ello.

Algunos podrían preocuparse de que sus registros médicos indiquen que tienen un problema de ansiedad y esto podría afectarles de muchas maneras. Sin embargo, este problema es bastante común, pero aquellas personas con un problema similar al suyo ahora están disfrutando de una vida feliz y satisfactoria. ¿No desearía ser uno de ellos?

¿Qué hará el médico?

Espere que el médico preste atención a las cosas que usted dirá y le haga las preguntas pertinentes. Para descartar una causa física, un médico hará una simple revisión. Por ejemplo, si mostrar una aguja para ser usada en un análisis de sangre le causó incomodidad, dígalo.

¿Cómo debo hablar con el médico?

Algunas personas podrían preocuparse de cómo van a explicar su ansiedad. Para ayudarle a expresar sus sentimientos, es posible que desee tener una lista de las sensaciones que tuvo. Cuando se habla de un incidente específico, no es necesario elaborar mucho sobre él. Una simple declaración servirá, y el médico sólo hará preguntas para obtener más información.

Ejemplos:

"Estaba esperando detrás del escenario antes de presentarme cuando de repente me sentí enferma. Mi corazón latía demasiado rápido y mis piernas temblaban".

"Me siento tan atascada en la mañana que no puedo levantarme de la cama. Me pongo peor a medida que pasa el día."

"No lo sé, pero necesito comprobar que la puerta esté cerrada. Sé que la cerré, pero a veces vuelvo más de diez veces. Me toma mucho tiempo por la mañana evitarlo".

Estas son sólo algunas de las pocas declaraciones para empezar. Al principio, le será difícil hacer preguntas que lo confundan: "¿Estoy loco?" "¿Puedo evitar que mi corazón lata demasiado rápido?" No hay problema. Ha hecho un comienzo.

¿Qué sucederá después?

Aquí están algunas de las posibles sugerencias del médico para ayudarle.

Esperar y ver

Si su ansiedad es nueva, es una idea práctica esperar durante semanas para comprobar si desaparecerá. Su médico le dará un marco de tiempo y notará ciertos cambios.

Tranquilizantes

Incluso si se sabe que los tranquilizantes son adictivos cuando se usan a largo plazo, tomarlos a corto plazo puede ayudar a superar una fase difícil.

Otros medicamentos

Su médico podría sugerirle que pruebe con betabloqueadores o antidepresivos. Para saber cuál de estos es el adecuado para usted, es posible que necesite probar más de un antidepresivo.

Consejería

Un consejero habla con los pacientes. Necesita hacer una cita si se le sugiere.

Derivación a una Unidad de Salud Mental

Si se le pide que se someta a terapia, el enfoque más común que usará es la Terapia Cognitiva del Comportamiento. Se sabe que es la terapia más exitosa para el tratamiento de la ansiedad. Este libro también se basa en esta técnica, y usted sabrá más acerca de ella a medida que avance por las páginas.

Capítulo 3: Cómo tratar los síntomas físicos

Antes de pasar a las técnicas de manejo, hablemos de las maneras y los medios por los cuales la ansiedad puede afectarle físicamente.

Uno de los efectos físicos más notables de la ansiedad es la respuesta respiratoria. Cuando un individuo experimenta ansiedad, su respiración comienza a aumentar. Esta reacción es parte de la respuesta corporal de pelear o escapar; la respiración de un individuo se vuelve superficial e incompleta. El objetivo aquí es preparar el cuerpo para el esfuerzo. El esfuerzo está asociado con una mayor necesidad de oxígeno en los vasos sanguíneos y los músculos. El cuerpo proporciona esta mayor demanda de oxígeno en el cerebro al activar el proceso de respiración para adquirir más oxígeno en poco tiempo.

Para controlar los síntomas físicos asociados con la ansiedad, hablaremos de las técnicas que podrían ser más efectivas para su caso.

Respiración controlada

Como se mencionó anteriormente, el síntoma físico más común de la ansiedad es la respuesta respiratoria rápida y superficial. Cuanto más trata un individuo de controlar su respiración jadeando en busca de aire, más empeora su problema, y todo el proceso puede llevar a una inmensa incomodidad. La respuesta física se llama sobre-respiración.

Para negar los efectos de esta respuesta, usted necesita seguir lo que se llama respiración controlada. Este tipo de respiración puede jugar un papel instrumental en ayudarle a tratar varios problemas físicos asociados con la ansiedad.

Cuando la ansiedad ataca, usted debe hacer un esfuerzo consciente para tomar una inspiración profunda y luego exhalar con cuidado y atención. Inhale a toda su capacidad. Es decir, inhale hasta que sus pulmones se sientan llenos, y luego exhale lentamente. Trate de controlar su patrón de respiración de tal manera que su respiración se ralentice y esté distribuida uniformemente.

Para practicar la respiración controlada, usted necesita marcar una hora en su horario para la misma. Elija un momento en el que sea menos probable que alguien le moleste. Encuentre un lugar tranquilo para que pueda sentarse con toda su atención y concentración. Trate de no dejar que nada le distraiga o moleste. Una vez que esté listo para comenzar, siga estos pasos:

1. Concéntrese en cómo está respirando ahora mismo. Déjese relajar. Preste atención a si está respirando rápido o lento; ¿hay un ritmo en su respiración? ¿O es irritante? Ahora, coloque una de sus manos sobre su pecho y la otra sobre su estómago. Respire profundamente y trate de llenar su estómago con aire, seguido de sus pulmones. Usted debe notar que su mano se eleva sobre su estómago, seguida de la mano sobre su pecho. Si nota un movimiento amplio en ambas manos, puede asumir que está respirando completamente. Sin embargo, tenga en cuenta que su pecho no se hinchará tanto como el estómago.

2. Una vez que haya inhalado completamente, es hora de exhalar. Que la acción de exhalación sea

tan lenta y suave como el proceso de inhalación. A medida que exhala, imagine todas sus preocupaciones, ansiedades y anticipaciones que fluyen por su cuerpo. Usted sentirá una sensación de limpieza en este momento. Realice el proceso de inhalación-exhalación un par de veces para acostumbrarse al ritmo.

3. Después de que haya decapado su ritmo respiratorio, hágalo con atención. Si está demasiado ansioso, se dará cuenta de que su mente deambulará mucho a lo largo de esta actividad, así que debe volver a concentrarse cada vez en el patrón de respiración. Dedique tiempo a practicar esta actividad diariamente o según sea necesario.

Relajación muscular progresiva

Otro síntoma físico que resulta de la ansiedad son los músculos estirados, como el cuello rígido y el pecho apretado. Este tipo de tensión es evidencia de que el cuerpo está bajo un estrés inmenso. Para evitar los efectos de la tensión y el estrés muscular, usted debe aprender a relajar su cuerpo en esos momentos. Uno de los aspectos más importantes de la relajación es identificar cuándo su cuerpo ha comenzado a ponerse tenso. Una vez que usted aprenda a identificar esto, realizar el ejercicio de relajación es sólo cuestión de práctica.

Para practicar la relajación muscular progresiva, siga estos pasos sencillos".

1. Encuentre un lugar tranquilo y relajante en el que pueda sentarse o acostarse cómodamente, y en el

que no le molesten durante algún tiempo. Asegúrese de usar ropa que le quede cómoda y no agregue ningún elemento de estrés a su cuerpo.

2. Respire profundamente unas cuantas veces y permita que su cuerpo se afloje. Este es el momento perfecto para utilizar el ejercicio de respiración controlada que acabo de mencionar. Mientras respira, no olvide concentrarse en su patrón de respiración y la relajación muscular seguirá.

3. Alternativamente, estire y relaje sus músculos. Apriete los músculos durante 5 segundos y sienta el estiramiento a medida que se desliza por nuestro cuerpo. Una vez transcurrido el tiempo permitido, deje que los músculos se relajen durante los siguientes 5 segundos. Realice esta actividad con especial atención a las extremidades. Observe la sensación en su cuerpo mientras está

en transición de un estado de tensión a un estado de relajación. Una vez que pueda sentir la sensación de relajación en nuestras extremidades, podrá cambiar a otros grupos musculares como la espalda, el estómago, los muslos y las pantorrillas.

4. Debe repetir cada estiramiento de 5 a 7 veces para lograr la máxima eficacia. Por último, usted puede asumir que su cuerpo está de nuevo en un modo relajado si su respiración se ha regularizado y profundizado.

Con el tiempo, se dará cuenta de que la relajación requiere una buena cantidad de práctica. Típicamente, usted debe practicar más ejercicios de relajación dos veces al día durante sesiones de 30 minutos cada una. Sin embargo, usted puede formar un horario que mejor se adapte a sus necesidades y que le proporcione el mejor nivel de relajación.

Otra cosa importante a tener en cuenta aquí es que usted no debe chocar su cuerpo. Una vez que haya realizado el ejercicio de relajación muscular y su cuerpo esté totalmente relajado, no se ponga de pie inmediatamente. Deje que su cuerpo se adapte al nuevo entorno y levántese suave y lentamente.

Si ha estado pasando por momentos difíciles con ansiedad últimamente, es una buena idea mantener un diario en el que anote todas las veces que se siente más ansioso, las razones de la ansiedad y qué tan bien el ejercicio de relajación le ayudó a superar su ansiedad. Tome nota de las cosas que han mejorado gracias al ejercicio de relajación e intente comprender por qué. El objetivo de llevar un registro es evaluar su progreso a medida que practica la relajación.

Reducir el consumo de cafeína

Las bebidas que tomamos tienen un impacto importante y significativo en nuestro estado mental. La razón detrás de este impacto es un compuesto llamado cafeína, que es un estimulante. Si usted está ansioso, la última cosa en su lista debe ser la cafeína. De hecho, muchas personas se han dado cuenta de que reducir su consumo de cafeína ha reducido sustancialmente sus niveles de ansiedad. Este ha sido incluso el caso de las personas que han consumido cantidades moderadas de cafeína en su dieta diaria.

Si no está seguro de lo que contiene cafeína, siempre es una buena idea revisar los ingredientes que aparecen en las etiquetas. El té, el café, el chocolate y la mayoría de las bebidas carbonatadas contienen cafeína. Trate de restringir su consumo monitoreando el número de bebidas con cafeína que consume diariamente. Si llevar un registro de estas cosas le parece una lucha, debería considerar la posibilidad de llevar un diario con ese fin.

Cuando intente reducir su consumo de cafeína, tenga en cuenta que la cafeína es un compuesto adictivo. Si está acostumbrado a consumirla en grandes cantidades, es posible que tenga que lidiar con síntomas de abstinencia como fatiga y dolores de cabeza. Por lo tanto, reduzca su consumo de manera gradual disminuyendo su consumo. Detener repentinamente el consumo no será de gran ayuda para su situación.

Capítulo 4: Formas prácticas de ayudar a superar la ansiedad

Haga una pausa

Si realmente entiende la dinámica de la ansiedad, entonces puede traducirla fácilmente usando unas pocas palabras: "Haga una pausa porque está herido."

La ansiedad es en realidad un recordatorio de que tal vez los estímulos a su alrededor ya están doliendo demasiado, hasta el punto de que ya necesita hacer una pequeña pausa. El paso más lógico es detenerse un poco y no quedarse en ese estado - quedarse allí lo paralizará. Lo que tiene que hacer es encontrar dónde le duele para abordarlo apropiadamente. El nivel de gravedad de la lesión está directamente relacionado con el alcance del daño.

El método y la estrategia de hacer una pausa pueden variar mucho. Las siguientes son algunas de las formas conocidas: tener un corazón acelerado, respirar profundamente, obtener constantemente la sensación de disociación y hacer girar sus pensamientos. Siéntase libre de elegir el que considere más efectivo. La personalización y la personalización de las formas es algo que usted debe hacer para tratar la ansiedad de manera efectiva.

Hacer una pausa está bien porque le ayuda a evitar llegar al pico de ansiedad. Es mejor detenerse a abordar los miedos de inmediato en lugar de suprimirlos en lo más profundo de su ser. Suprimir el miedo puede llevar a una situación mucho más difícil que ya no puede manejar.

Aquí está la cosa, si su problema es realmente la ansiedad, entonces usted no tiene nada que temer porque la ansiedad en sí misma no le hará daño. Son las acciones que usted toma después las que pueden lastimarle. Por lo tanto, tome regularmente esa pausa para comprobar dónde le duele realmente.

Aceptación

De vez en cuando, usted necesita hablar consigo mismo y reflexionar sobre su ansiedad. Necesita tranquilizarse constantemente y decirse a sí mismo que está realmente bien. Escuche a su corazón y a su mente. Preste atención a lo que su corazón está deseando. Preste atención a los asuntos que le importan. Encuentre la paz interior.

Hacer amistad y hacer las paces con su ansiedad le ayudará a encontrar algunas formas proactivas de tratarla. Al negar su existencia, está permitiendo que persista y crezca continua y exponencialmente.

La verdadera clave para obtener una solución real para el problema de la ansiedad radica en la aceptación. Si tarda más tiempo en persistir dentro de su zona de comodidad, culpe a otras personas y a factores externos por las circunstancias a las que se enfrenta, cuanto más tiempo le llevará encontrar las oportunidades ocultas y las soluciones a su problema relacionadas con la ansiedad.

Para algunos expertos espirituales, la aceptación es un paso para sentirse mejor y ser mejor.

Una vez que acepta lo que teme, existe la posibilidad de que deje de temerlo. Por lo menos, la intensidad de su miedo podría disminuir.

A medida que emprenda el largo viaje hacia la aceptación de algo, comenzará a sentirse un poco mejor acerca de su vida y de sí mismo. Si usted comienza a darse cuenta de que tiene varias opciones disponibles, entonces usted puede salir libremente de su zona de comodidad. Si quiere superar su miedo y ansiedad, necesita abrazar y aceptar sus circunstancias actuales. Además, usted puede encontrar que hay más en la vida.

Eliminar lo innecesario

El desorden físico es una manifestación de un problema más profundo. Puede ser un signo de miedo y ansiedad que se acumula en su corazón y en su mente. Por ejemplo, si su lugar de trabajo es un desastre, es posible que le resulte difícil tomar algunos descansos cortos. También le hará sentir que el trabajo que tiene no parece terminar. De alguna manera alimentará sus miedos internos porque están nadando en su estrés. Por lo tanto, usted necesita tomar quince minutos cortos cada día para ordenar un poco su casa o su área de trabajo.

Un lugar de trabajo limpio y un hogar limpio no es sólo un espacio organizado; también es un espacio que tiende a alejar el estrés, el miedo y la ansiedad. Le ayudará a pensar con más lógica. La racionalidad normalmente se apodera de un espacio de trabajo organizado.

Una vez más, si el desorden en el hogar o en el lugar de trabajo puede significar algo más serio, ¿qué se debe hacer? Para evitar los efectos nocivos de un exceso de desorden, tendrá que vigilar sus asuntos cotidianos.

Por ejemplo, usted necesita mantener todo dentro del nivel manejable.

Según los expertos, el desorden a su alrededor le pesa un poco porque se sentirá menos seguro de sí mismo. El desorden lleva a tener menos logros, y lleva a un nivel más bajo de autoestima. Cuando no está logrando lo suficiente, tiende a cuestionar su capacidad, y también tiende a temer lo que vendrá en el futuro.

Para avanzar, inevitablemente, es necesario reducir el desorden para reducir el nivel de estrés que puede causar. Si puede hacer esto correctamente, obtendrá las recompensas más sorprendentes, a saber: un lugar de residencia muy atractivo, un nivel de estrés significativamente más bajo y un tipo de vida más organizada y altamente productiva.

Pero, por supuesto, hay que empezar por las cosas más básicas: hay que vaciar la casa, el lugar de trabajo y, por supuesto, la vida.

Haga un poco de auto conversación positiva

Pensar positivamente le ayudará a manejar el estrés y a combatir los miedos y la ansiedad. Sin embargo, si usted es el tipo de persona que tiende a practicar el diálogo personal negativo, debe hacer un esfuerzo para desaprender esta práctica poco saludable.

Siempre pregúntese a sí mismo: ¿Percibe que el vidrio es algo que está medio lleno o medio vacío? Es cierto que esta pregunta ya se ha planteado, quizás hace décadas o siglos, pero la esencia y el significado siguen siendo los mismos. Al probarse a sí mismo si es optimista o pesimista, entonces el curso de acción adecuado para superar los miedos será más fácil de abordar.

Existen estudios relacionados en los que se ha establecido que el pesimismo y el optimismo pueden tener muchos efectos sobre la salud y el estado físico de una persona. Pero más que eso, tiene un gran efecto en el punto de vista de una persona. La forma en que contienen el miedo se ve muy afectada por esto. El pensamiento positivo puede ayudar en la facilitación efectiva del manejo del estrés. Por consiguiente, también puede ayudar a controlar los propios miedos. Por otro lado, los pesimistas tienden a ceder a sus miedos.

Recuerde, usted necesita hacer un diálogo positivo para reforzar el valor del optimismo. Al hacer un pensamiento positivo, uno no necesariamente tiene que ignorar las cosas malas que suceden a su alrededor. En cambio, el pensamiento positivo enseña a los individuos a hacer las cosas de la manera más productiva y positiva a pesar de la desagradable solución. Usted está entrenado para pensar que lo mejor puede suceder a pesar de todas las adversidades.

El pensamiento positivo a menudo es el resultado de un diálogo positivo con uno mismo. La autocomunicación positiva es como un flujo ilimitado de pensamientos que no son hablados. Normalmente corren y se meten dentro de su cabeza. Para las personas pesimistas, la corriente de pensamiento suele ser negativa. Pero para los optimistas, ellos eligen mantener su diálogo positivo en todo momento.

Recuerde, si los pensamientos son negativos, usted invita a que ocurran situaciones negativas. Justifica la existencia de sus miedos alimentándolos para que sean más grandes en la vida.

De acuerdo con la investigación, además de vencer con éxito la ansiedad, existen muchos beneficios que pueden derivarse de una autocomunicación positiva. Los siguientes son sólo algunos de los ejemplos:

- Un aumento significativo en la esperanza de vida de una persona
- Disminución de la tasa de depresión
- Reducción del nivel de angustia
- Mayor resistencia contra la gripe y los resfriados
- Mejora del bienestar físico y psicológico y del bienestar
- Reducción del nivel de muerte debido a un ataque cardíaco
- Mejores habilidades para sobrellevar el estrés y las dificultades.

Involucrarse en actividades físicas

Ponerse físico es una de las maneras más agradables de combatir la ansiedad. Al involucrarse más en actividades físicas, usted estará más en forma y saludable. Las funciones de su cuerpo se normalizarán. El efecto más deseable de las actividades físicas es que sus niveles de ansiedad se reducirían. De acuerdo con la evidencia, se puede concluir que los niveles de ansiedad pueden reducirse significativamente haciendo más ejercicio.

Para ser más específicos, hay rutina de ejercicio preferida que puede ayudar a reducir el miedo y la ansiedad, entre estos, están:

1. Nadar, correr y andar en bicicleta, entre otras rutinas de ejercicios aeróbicos

2. Programas de ejercicio a largo plazo (aquellos que toman por lo menos de doce a quince semanas para completarse) en lugar de aquellos que son cortos.

Además, se descubrió que las personas que no están en forma obtienen más beneficios del ejercicio que las que ya están en forma. Por último, los experimentos sugieren que las personas que tienen un alto nivel de ansiedad tienden a beneficiarse más de las actividades físicas que las que tienen poca o ninguna ansiedad.

Una serie de estudios recomendaron que una persona debe involucrarse en al menos media hora de ejercicio moderado todos los días si desea cosechar el máximo beneficio de la actividad física. Aumentar la intensidad de sus rutinas de ejercicio tampoco le hará daño. Hay estudios separados que atestiguan el hecho de que puede ser útil para hacer que usted se sienta mejor consigo mismo.

Examinando Su Dieta

Alimentos que alivian la ansiedad

Usted puede tratar de aliviar la ansiedad comiendo alimentos ricos en nutrientes. Sin embargo, no existe una conexión real entre los tipos de alimentos que funcionan para una persona con ansiedad. Sin embargo, todavía hay razones para creer que una dieta bien balanceada satisfará las necesidades de las personas con ansiedad.

Una buena nutrición y una dieta saludable es una necesidad en nuestra vida diaria. Las deficiencias de omega-3, vitamina D, magnesio, complejo vitamínico B, folato, aminoácidos, hierro, zinc, yodo y selenio están altamente relacionadas con la ansiedad. Pero también se considera que un alto consumo de azúcar procesada, grasas saturadas y grasas trans desencadena la ansiedad. Cuando usted come muchos de estos alimentos, no le da a su cuerpo y cerebro la nutrición necesaria para funcionar adecuadamente. Consuma comidas equilibradas y saludables y reduzca todos los azúcares procesados, las grasas saturadas y las grasas trans para maximizar su estado de ánimo todos los días.

Coma alimentos con nutrientes

Los alimentos ricos en nutrientes apoyan el crecimiento, la reparación y el bienestar del cuerpo. Todas las personas necesitan vitaminas, carbohidratos, proteínas y minerales. La grasa en la dieta no hace daño. Si usted no es capaz de comer la cantidad adecuada de nutrientes, su cuerpo no funcionará adecuadamente e incluso puede enfermarle.

Antioxidantes Esenciales en su Plato

Las funciones normales del cuerpo causan radicales libres que causan disfunción y envejecimiento. Los antioxidantes combaten los radicales libres. Coma alimentos ricos en vitamina C, betacaroteno y vitamina E. El cerebro está en riesgo cuando se trata de radicales libres, según muestra un estudio. Estos alimentos poderosos pueden mantener a raya a los radicales libres:

Alimentos ricos en betacaroteno: brócoli, albaricoques, zanahorias, melón, duraznos, coles, espinacas, batatas, calabazas.

Alimentos ricos en vitamina C: brócoli, pomelo, arándanos, naranjas, pimientos, kiwi. Tomate, fresas y papas

Alimentos ricos en vitamina E: semillas y nueces, aceites vegetales, germen de trigo y margarina.

Coma los "carbohidratos correctos" para calmar su mente

Serotonina, el "buen humor" correlaciona los carbohidratos. Hay un estudio que dice que el antojo de carbohidratos disminuye la serotonina. Con estos datos a mano, tomar decisiones inteligentes cuando se trata de comer carbohidratos, como evitar alimentos azucarados, galletas y pasteles, puede ser la mejor opción.

Alimentos que pueden ayudar con la ansiedad

Ahora que hemos pasado por la comida que puede empeorar la ansiedad, aquí hay una variedad de alimentos que la ayudarán.

Tuercas

Más específicamente almendras, anacardos, nueces y nueces de Brasil. Se ha comprobado que comer 1-2 nueces de Brasil al día aumenta los niveles de serotonina de un individuo.

Frutas y hortalizas frescas

Siempre se ha sabido que las verduras y las frutas son buenas para usted. Los padres, los libros y los pequeños panfletos en el consultorio del médico han exclamado regularmente los beneficios. Y su mente no está exenta de estos beneficios; comer productos frescos puede ayudar a aliviar un estado de ánimo deprimido. Los espárragos, el aguacate, los arándanos, las frambuesas y las moras son especialmente eficaces para estimular el estado de ánimo.

Manzanilla y té verde

El té de manzanilla debe beberse antes de acostarse con el heno, ya que promueve un sueño reparador. Esto significa que usted puede tener un sueño que no esté plagado de ansiedad y malestar. El té verde tiene una larga lista de beneficios asociados, incluyendo la ayuda con la depresión. Trate de tomar 2 tazas de té verde al día.

Pan integral
Queso fresco
Avena
Alimento para el cerebro

Coma muchos alimentos que contengan omega-3, ya que este ácido graso esencial puede estimular su estado de ánimo. El aceite de oliva y la mayoría de los mariscos son especialmente ricos en este ácido graso.

Dormir lo suficiente

Comience con la forma en que termina el día. Por lo general, usted tiende a sucumbir al miedo porque su cerebro y su cuerpo no están bien descansados.

De acuerdo con la investigación, no tener un patrón de sueño consistente puede conllevar muchas consecuencias serias. Por lo tanto, usted debe hacer todo lo posible para dormir lo más que pueda. El ciclo normal de sueño para un nuevo día mejor es de unas ocho horas de duración. Si usted duerme mucho, entonces es más probable que se despierte con una perspectiva más fresca y mejor en la vida.

La falta de sueño contribuye en gran medida al estrés, la ansiedad y el miedo irracional. Además, afecta negativamente la salud física de la persona. Y funciona de dos maneras - la falta de sueño conduce a ataques de ansiedad y los ataques de ansiedad conducen a la interrupción del sueño.

Si actualmente se siente ansioso, debe hacer un esfuerzo serio para evitar la interrupción del sueño. Usted necesita asignar de ocho a diez horas para explicar la dificultad de dormir un poco. Además, usted necesita liberarse de los pensamientos que le están dando estrés.

Relaje su respiración

No a todos se les da el privilegio de respirar libre y fácilmente. Necesita disfrutar de este privilegio al máximo, y le sorprenderá porque puede ayudarle a combatir sus miedos y ansiedad.

Trate de practicar sus ejercicios de respiración profunda regularmente. Tiene que encontrar un lugar donde no le moleste nadie. En la medida de lo posible, ese lugar debe ser tranquilo, lo suficientemente silencioso para que pueda oír su propia respiración. En el proceso, es posible que tenga que aflojar la ropa y quitarse las que le quedan apretadas. Esto le ayudará a sentirse lo más cómodo posible.

Encuentre su silla más cómoda. Asegúrese de apoyar bien la cabeza. O puede optar por acostarse en una cama o en el suelo. Ponga las manos de lado con las palmas hacia arriba. Si decide acostarse, trate de estirar las piernas de tal manera que las mantenga separadas. Si está sentado en una silla, por supuesto, no cruce las piernas porque podría dificultar la respiración libre.

Para respirar mejor, necesita relajarse. Trate de hacer esto lo más lentamente posible y encuentre su ritmo regular y natural. Estos pasos te ayudarán a calmarte".

1. Llene sus pulmones con todo el aire que puedas aspirar. Tenga cuidado de no forzar la entrada de aire. Trate de llenar sus pulmones desde abajo.

2. Cuando tome aire, use la nariz. Cuando exhale, use la boca.

3. Trate de inhalar lo más lentamente posible. Para hacerlo regular, trate de contar de uno a cinco mientras completa el ciclo respiratorio. Al principio, notará que es difícil llegar a cinco.

4. Haga lo mismo con la espiración.

5. Trate de hacer esto repetidamente hasta que se calme los nervios. Continúe respirando sin pausa. En la medida de lo posible, no contenga la respiración.

La respiración relajada debe hacerse de 3 a 5 minutos, al menos tres veces al día. Si usted está estresado o ansioso, hacer esto con más frecuencia podría ayudar.

Meditación

En este punto, hay una necesidad de definir lo que realmente es la meditación. Sí, usted puede tener la idea de que es un método de relajación muy conocido, pero la ciencia nos dice que es mucho más que eso. A través de una serie de investigaciones, se descubrió que la meditación conduce al aumento de la materia gris del cerebro. En términos simplificados, la meditación encuentra una manera de reconectar el cuerpo para que sienta menos estrés por poner la misma cantidad de esfuerzo. Al final, le protege de sentir miedo y ansiedad.

En esfuerzos de investigación mucho más recientes, se sugirió que la meditación tiene un buen efecto sobre la actividad cerebral. Puede controlar el estado de ánimo, el estrés y la ansiedad. Ya que es relajante, la meditación puede ayudar a bloquear los pensamientos que pueden provocar sus miedos y ansiedad.

Sin embargo, hay una manera apropiada de hacer meditación. Si lo hace bien, encontrará descanso, e incluso se sentirá lleno de energía y renovado. La meditación apropiada puede traer el resto, y puede disolver su ansiedad y estrés. Su cuerpo tiene la capacidad innata de cuidar el estrés mientras duerme. Sin embargo, si usted no puede descansar lo suficiente, podría sufrir estrés e insomnio.

Si desea combatir el estrés y la ansiedad, puede elegir la MT o la meditación trascendental. Esta es una técnica que se ha comprobado científicamente que proporciona al cuerpo uno de los estados de reposo más profundos que se conocen. Puede dar coherencia a las ondas cerebrales. Dentro de un ciclo de veinte minutos de meditación, te encontrarás más alerta. Además, la fatiga y el estrés se reducirían instantáneamente. De acuerdo a la investigación, la meditación trascendental puede darte paz y tranquilidad.

Relaje sus músculos

Lo crea o no, esta técnica sólo le tomará veinte minutos de su tiempo. Todo lo que necesita hacer es estirar algunos de sus grupos musculares y llevarlos a su estado de relajación. De esta manera, usted liberará con éxito toda la tensión que está escondiendo dentro de su cuerpo. La relajación del cuerpo y la relajación de la mente pronto seguirán.

Esto es lo que debe hacer: Primero, usted necesita encontrar su lugar favorito - preferiblemente uno que sea tranquilo y cálido. Ese lugar no debería tener distracciones. Luego, puede sentarse o acostarse allí.

Usted necesita cerrar los ojos y comenzar a concentrarse en su respiración - tratando de hacerlo tan lenta y profundamente como pueda.

Identifique sus músculos adoloridos. Concéntrese en esos músculos por más tiempo y dedique tiempo a relajarlos.

Luego, para ayudarle a relajarse más, tal vez desee reproducir su música favorita. Debería ser el tipo de música relajante, no el tipo de música que distrae. Tenga en cuenta que hay diferentes grupos de músculos en los que debe concentrarse:

1. Músculos faciales - hay una necesidad de empujar las cejas de tal manera que se encuentren entre sí. La expresión facial resultante es similar a la del ceño fruncido. Después de eso, puedes liberarte.

2. Músculos del cuello - Incline la cabeza suavemente hacia adelante. Luego, empuje su barbilla hacia abajo hacia el pecho y levántela lentamente de nuevo.

3. Músculos de los hombros - Tire de cada uno de sus hombros hacia la oreja correspondiente y luego trate de relajarlos a medida que los mueve a lo largo de la dirección del pie correspondiente.

4. Músculos del pecho - Trate de respirar lo más lentamente posible y asegúrese de sentir su diafragma. Esta se encuentra justo debajo de la

costilla inferior. De esta manera, usted puede estar seguro de que está utilizando todos sus pulmones. Trate de exhalar lentamente y permita que el abdomen se desinfle hasta que se libere todo el aire dentro de los pulmones.

5. Músculos de los brazos - Trate de estirar cada uno de sus brazos lejos de su cuerpo. Alcance el punto más lejano que pueda durante unos segundos y luego relájese.

6. Músculos de las piernas - Empuje cada uno de los dedos de los pies lejos de su cuerpo y luego tire de cada uno de ellos hacia su cuerpo. Ahora, trata de relajarte.

7. Músculos de la muñeca - trate de estirar cada una de sus muñecas tratando de jalar cada una de sus manos hacia su dirección. Luego, tire suavemente de cada uno de sus dedos. Después de esto, usted está listo para relajar su muñeca.

Haga toda la rutina usando todo el tiempo que necesite. Más importante aún, trate de hacer esto mientras sus ojos están cerrados para que pueda encontrar la paz consigo mismo.

Practicando el Mindfulness

El prestar atención es una herramienta eficaz para detener la rumia y la preocupación. Esto implica un proceso de poner en uso el tipo de conciencia no crítica para presentar o expresar las propias emociones y pensamientos. Sirve como estrategia en la terapia cognitiva y conductual.

De acuerdo con los estudios, la atención plena puede ayudar a vencer el miedo y la ansiedad porque anima a las personas a cambiar su estilo de pensamiento.

Además, se espera que se desconecten de la preocupación y la rumia como método de respuesta emocional. Con atención, la gente tiende a pensar en métodos más específicos y concretos para encontrar soluciones. Los expertos llaman a este fenómeno como el cognitivo para reestructurar el pensamiento. Esto fomenta un enfoque más positivo del pensamiento.

Sin embargo, la atención plena no debe ser malinterpretada como un método para encontrar soluciones directas a problemas complicados. Tenga en cuenta, sin embargo, que las cosas no son tan sencillas. En cambio, la atención plena debe ser considerada como una técnica o habilidad. Es una estrategia para controlar su atención, y esto se puede mejorar entrenando diaria y continuamente.

Al hacer un entrenamiento sistemático de la atención, usted puede mejorar significativamente la manera en que maneja su ansiedad. Incluso los pacientes de depresión son ayudados por técnicas de atención plena.

Convierta los miedos en inspiraciones

Para vencer sus miedos, necesita encontrar una manera de transformarlos en inspiración. Para ayudarle, hay por lo menos cuatro métodos para transformar sus miedos en fuentes de inspiración con éxito.

1. Vivir de la manera más sencilla posible. Si no está familiarizado con el estilo de vida minimalista, puede empezar a investigar sobre ello ahora mismo. En esencia, le ayudará a volver a lo básico. Le enseñará a no aferrarse a cosas materiales. Al

llevar una vida sencilla, tendrá menos razones para temer.

2. Anote todo. A menudo, cuando su mente está llena de ideas -ya sean brillantes o aburridas- tiene demasiado miedo de perderlas todas. Nunca confíe en su memoria oxidada! Anote todo para que pueda liberar su cerebro. Puede guardar un cuaderno y un bolígrafo en su coche, en su dormitorio y en la oficina. O puede utilizar su dispositivo móvil para hacerlo con éxito.

3. Tranquilo! Un cuerpo lleno de ansiedad es un cuerpo que carece de relajación. Hay técnicas a las que puede suscribirse para mejorar su régimen de sueño y relajación. La mejor noticia es que la mayoría de ellos son gratuitos.

4. Cambie los hábitos mentales que lo mantienen atascado en sus miedos y ansiedad. La forma en

que piensa puede mejorar la forma en que ves tu vida.

Para transformar sus miedos en inspiración, necesita estar a gusto consigo mismo. Sin embargo, muchas personas dicen que están demasiado ocupadas para estar a gusto. Esto es un problema porque uno tiene que estar verdaderamente dispuesto antes de que se puedan obtener resultados positivos. Pero nunca puedes estar demasiado ocupado

Si realmente quiere cambiar su vida, si su vida está destinada a cambiar para mejor, entonces tiene que hacer lo que sea necesario. Y sí, la mayoría de las veces, las técnicas usualmente toman sólo unos pocos minutos para cambiar la manera en que usted piensa. Y las técnicas no son complicadas en absoluto.

Tenga una mente abierta. Y cambiar la ansiedad o los miedos en inspiración implica muchos pasos, pero comienza con tener una mente abierta. Esto le ayudará a encontrar la manera de salir de la ansiedad y vivir una vida inspirada.

Tiene que guiar conscientemente su mente para alejarse de las emociones no hábiles y contraproducentes como el miedo, la ira y la ansiedad. Necesita encontrar una manera de reemplazarlos con alegría y amabilidad - estas son las claves de la verdadera felicidad.

Capítulo 5: Plan de Acción I - Tratando con pensamientos ansiosos

Nada impacta tanto sus pensamientos como la ansiedad. De repente, el mundo se detiene y empieza a pensar que las cosas y las situaciones cotidianas pueden ser una amenaza para usted. La sensación de que todo va mal y que no podrá lidiar con la situación hace que la ansiedad sea psicológicamente peligrosa.

Usted puede comenzar a encontrar situaciones normales, o situaciones que le parecían normales la última vez que ocurrieron, potencialmente peligrosas. Por ejemplo, tener tos puede molestarlo y obligarlo a pensar que está sufriendo de algún trastorno crónico del cual la tos es un síntoma, o que su hijo está a 10 minutos de la escuela puede obligarlo a pensar en todas las cosas equivocadas que podrían haberle ocurrido.

Como regla general, las personas con ansiedad viven bajo el miedo constante de que algo va tan mal que puede ser terrible de sobrellevar. Lo que temen no es sólo la situación, sino también el hecho de que no podrán manejarla y permanecer tranquilos y seguros en ella. Este es una especie de círculo vicioso. Cuando se siente ansioso, está rodeado de pensamientos de miedo, de hilos y de evasión. Además, cuando usted considera una situación negativa o amenazante, es probable que se ponga ansioso al respecto.

Lo que usted piensa impacta directamente lo que usted siente, y si usted puede frenar sus pensamientos, sus niveles de ansiedad bajarán automáticamente. Tomemos el ejemplo de dos señoras que esperan que sus hijos regresen a casa de una fiesta, a altas horas de la noche. Sus hijos salieron de una fiesta y prometieron regresar a las 11 de la noche. La primera dama comienza a entrar en pánico cuando el reloj marca las 11, y cada minuto que pasa aumenta su nivel de ansiedad. Para añadir a su miseria, ella comienza a pensar en todas las cosas malas que podrían haberle pasado a su hijo, lo que se suma a la ansiedad sustancialmente.

La segunda dama también está ansiosa por saber por qué su hijo no regresa a los 11 años. Sin embargo, recuerda todas las veces que su hijo había prometido regresar a cierta hora y había llegado 10 minutos tarde, por lo que sus niveles de ansiedad disminuyen. En ambos casos, las mujeres se pusieron ansiosas, sin embargo, mientras que la primera dama aumentaba sus niveles de ansiedad al pensar en cosas que aumentaban su preocupación, la segunda dama pensó en cosas que la ayudaban a manejar su ansiedad.

Basta decir que los pensamientos tienen un impacto significativo en sus niveles generales de ansiedad. Un mayor nivel de ansiedad se traducirá en síntomas físicos más graves. La mejor manera de manejar el escenario es romper el ciclo de ansiedad y pensamientos al pensar desde una perspectiva positiva y constructiva.

Para ayudarle a manejar los pensamientos de ansiedad, necesita darse algo de tiempo y seguir el ejercicio de dos pasos que se explica a continuación.

1. El primer paso es identificar los pensamientos que lo están poniendo ansioso.

2. El segundo paso es reemplazar estos pensamientos con pensamientos alternativos que sean más constructivos y realistas.

A medida que avanzamos en este capítulo, exploraremos estos dos pasos en mayor detalle y cómo puede implementarlos en su vida diaria.

Usted no puede desafiar la ansiedad a menos que conozca la causa detrás de ella. Esta es exactamente la razón por la que identificar los pensamientos de ansiedad es extremadamente importante. Dicho esto, es igualmente importante señalar que este proceso de identificación no será sencillo. Tales pensamientos son automáticos y ocurren tan rápido que ni siquiera te das cuenta de que algo que pensabas sólo elevaba tus niveles de ansiedad. Afortunadamente, los efectos de la ansiedad son tales que usted sabrá que está ansioso y aplicar la psicología inversa a la causa es la única opción que le corresponde. A medida que practique, será más fácil identificar tales pensamientos.

Típicamente, pensamientos ansiosos que toman la forma de "qué pasaría si" y "no creo que pueda soportarlo". Si usted ha experimentado una situación embarazosa últimamente o un incidente que ha tenido un impacto grave en su mente, entonces revivir el incidente en nuestra mente también puede ser una causa de ansiedad. El aspecto más desafiante de identificar los pensamientos ansiosos es que usted ya está ansioso, y ser capaz de controlar su mente en ese momento para un análisis de este grado puede ser difícil.

Por lo tanto, es una buena idea tener preguntas bien enmarcadas para hacerse cada vez que se sienta ansioso. Por ejemplo, como tú mismo:

- ¿Por qué me siento así?
- ¿Cómo empezó?
- ¿Son ciertas todas mis suposiciones?

- ¿Sucederá esto realmente?
- ¿Cómo me afectará esto a mí, a mi vida y a las personas que me rodean?

¿Cómo empezar?

Preparar un registro del pensamiento

Al realizar esta actividad, asegúrese de anotar sus pensamientos y respuestas en un diario. Esto le ayudará a analizar la situación con una mente más tranquila en un momento posterior. De esta manera, usted podrá utilizar la información recopilada para manejar la ansiedad en casos futuros, incluso si no pudo ayudarse a sí mismo en el momento en que ocurrió. Esta hoja de registro también puede jugar un papel instrumental en la determinación de los patrones de comportamiento y en la identificación de los problemas subyacentes, si los hubiera.

Determine los pensamientos realistas a partir de los pensamientos ansiosos

Una vez que el proceso de identificación se ha completado, y usted sabe cómo hacerlo en el momento de la ansiedad, así como analizar el patrón durante un período, el siguiente paso es determinar si los pensamientos son realistas. La mayoría de los pensamientos ansiosos son en realidad suposiciones o reacciones exageradas a situaciones. Por lo tanto, este paso le ayudará a obtener un punto de vista realista y objetivo sobre la situación.

Para seguir adelante, debe buscar una forma alternativa de pensar sobre la situación. Esta es una tarea desalentadora, y usted necesitará practicar mucho este método antes de que pueda ser un experto en él. En el paso anterior, usted había preparado un registro de pensamientos. En este paso, usted puede agregar dos columnas al registro de pensamientos, una para la evidencia que apoya su pensamiento y otra para la que va en contra. Utilice estas columnas para crear una nueva columna, que da un pensamiento alternativo y realista para reemplazar el pensamiento ansioso existente.

Evaluación

Ningún método es efectivo a menos que pueda ayudarle a reducir sus niveles de ansiedad. Por lo tanto, antes de sentarse a escribir el registro: evalúe sus niveles de ansiedad calificándolo en una escala del 1 al 10; 1 es el menos ansioso y 10 es el más alto. Califique sus niveles de ansiedad después de haber evaluado el pensamiento alternativo usando el método ilustrado aquí. Esto le ayudará a saber si el método está funcionando para usted.

Capítulo 6: Plan de acción II - Cómo tratar las preocupaciones

Entendiendo la preocupación

Las personas que se quejan de ansiedad suelen preocuparse mucho; mucho más de lo que deberían. Si usted es un preocupado crónico, lo más probable es que se preocupe por muchas cosas. Por lo tanto, usted tendrá algunos temas de preocupación en su mente. A medida que aprende a manejar un tema de preocupación, su mente puede cambiar. Pronto se hace evidente que no son los incidentes los que constituyen el problema; el problema está dentro de sí mismo, y en la manera en que percibe las cosas. Por lo tanto, lo que necesita manejar no es la situación, sino que necesita manejarse a sí mismo.

Otra cosa que usted necesita entender es que preocuparse es un laberinto en sí mismo. Si usted cree que preocuparse es algo malo, entonces se preocupará por el hecho mismo de que usted se preocupa.

En cuanto a los efectos negativos de la preocupación, algunas personas se preocupan por la preocupación y cómo puede afectarles negativamente. Tales pensamientos suelen tomar la forma de preocuparse por el hecho de que la preocupación se ha salido de control o de darse cuenta de que es dañina y no poder hacer nada al respecto.

Lo que es aún peor es que ni siquiera sabe si se preocupa demasiado por preocuparse. Para determinar esto, usted debe preguntarse si preocuparse es un problema, y qué es lo peor que le puede pasar si continúa preocupándose. Por último, una rápida evaluación de si es posible dejar de preocuparse puede llevar a un cierre decente de la situación.

Mientras se habla de preocupaciones, lo que más preocupa a las personas es el hecho de que no son capaces de controlar sus sentimientos. Para desafiar esta creencia, lo primero que debe hacer es buscar un incidente en el que estuviera preocupado. Evalúe la situación para responder algunas preguntas:

- ¿Era posible para usted controlar sus preocupaciones?
- ¿Fue capaz de detener estas preocupaciones al final?
- En caso afirmativo, ¿cuál fue la causa de este paro?

Ahora que ha analizado la situación, analice completamente su situación de ansiedad en su totalidad.

- ¿Con qué frecuencia se ha preocupado y ha podido controlar sus preocupaciones?

- ¿Puede pensar en algún incidente en el que haya podido deshacerse de sus preocupaciones con éxito? En caso afirmativo, ¿cómo?

Al final de este análisis, usted estará en una mejor posición para evaluar si su preocupante situación es controlable o no. El mayor problema con el control de las preocupaciones y los pensamientos ansiosos es que es bastante difícil controlarlos o suprimirlos. Cuando intenta deshacerse de esos pensamientos y piensas en otra cosa, es probable que vuelva a esos pensamientos que provocan ansiedad sin importar qué. Es una psicología humana pensar más en las cosas que piensa en no pensar. Por ejemplo, si le pido que no piense en la paloma blanca, las imágenes de la misma seguirán viniendo a su mente todo el tiempo.

¿Cómo se puede manejar la preocupación?

Períodos de preocupación controlados es un concepto que le ayudará en este esfuerzo. Cuando pueda lograr esto un par de veces, tendrá una sensación de control sobre la situación, lo cual será instrumental para ayudarle a romper el círculo vicioso de preocupación incontrolable.

El concepto de período de preocupación controlado se basa en el hecho de que usted debe establecer una cantidad fija de tiempo, lugar y hora exacta para preocuparse. Esto debería ser a la misma hora todos los días.

Siempre que tenga ganas de preocuparse, debe decirse a sí mismo que se ocupará de esta cuestión en un momento posterior que está reservado para la preocupación. Aunque usted puede elegir cualquier momento del día para esta actividad, es mejor evitar realizarla justo antes de acostarse.

1. No pase más de 15 minutos preocupándose por todas las cosas que ha marcado durante el día.

2. En el momento en que decida que el asunto ya no vale la pena preocuparse más, debe dejar de preocuparse por él.

Para asegurarse de no olvidar ninguna de las agendas que había fijado para el período de preocupación, anote sus preocupaciones del día en un cuaderno de notas reservado para este propósito. La belleza de este método es que juega con su psicología de tal manera que no le está pidiendo a su mente que deje de preocuparse. En realidad le está dando una cita más tarde para preocuparse.

Capítulo 7: Plan de Acción III - Tratando con la evasión

Cuando una situación le hace sentir ansioso, es comprensible y obvio que tratará de evitar la situación a cualquier costo. Esto es, en realidad, una solución a corto plazo para su problema. Evitará la situación y no tendrá que enfrentarla. Por lo tanto, por el momento, es una buena estrategia para deshacerse de la ansiedad. Sin embargo, cuando usted habla sobre el impacto a largo plazo de la ansiedad, se dará cuenta de que tal comportamiento disminuye sus probabilidades de poder lidiar con la ansiedad en el futuro.

Tomemos el ejemplo de un individuo que teme las situaciones sociales y evita asistir a reuniones sociales. Sus amigos le invitan a tomar un café, pero el inventa una excusa. En otras palabras, evita la situación. Sin embargo, cuando sus mismos amigos le invitan a salir de nuevo, es probable que se sienta más ansioso por conocer a sus amigos porque no los había conocido desde la última vez, y tendrá que explicarle que no aceptó otra invitación.

En cierto modo, la niña estaba ansiosa por participar en una reunión social, así que evitó la situación. Si bien esta evasión le ayudó a manejar la situación en ese momento, no hizo ninguna contribución sustancial para ayudarla a enfrentar las situaciones que puedan surgir en el futuro, y la próxima vez que se enfrente a una situación así se sentirá ansiosa de nuevo. Usted necesita romper este ciclo para manejar su problema de ansiedad.

Obviamente, no enfrentar el problema no le ayudará de ninguna manera. Tendrá que enfrentarse a la situación y romper el ciclo. Sentirse ansioso es natural y fino, en algunos casos. Usted no tiene que creer que hay algo anormal en el hecho de que se sienta ansioso.

Además, una vez que se enfrente a la situación, se dará cuenta de que los niveles de ansiedad han bajado automáticamente. Esto también reducirá los niveles de ansiedad que usted experimentará la próxima vez que se enfrente a una situación similar.

Tres cosas que usted puede hacer para manejar la evasión

Primero, asuma que podrá deshacerse de toda su ansiedad la primera vez que se encuentre en una situación que se provoque ansiedad. Es un proceso gradual.

En segundo lugar, en sus intentos por controlar la ansiedad, debe enfrentarse a una situación que le provoca ansiedad y que es la que menos le provoca.

Una vez que pueda enfrentarlo, aumentará su confianza y estará en una posición mucho mejor para enfrentarse a una situación más angustiosa que la última.

Por último, es una buena idea hacer una lista de todas las cosas que lo ponen ansioso. Aunque esta actividad le provocará ansiedad y mucho trabajo duro para usted, puede ser una gran manera de lidiar con las situaciones cuando se enfrentan a usted.

Palabras finales

La ansiedad es algo que prevalece en nuestra sociedad moderna. Realmente es una experiencia negativa, y los niveles de intensidad pueden variar. Si usted está luchando contra el miedo y la ansiedad, puede sentir que no tiene remedio. Puede que incluso se sienta como si fuera imposible para usted superarlo. Pero aquí están las buenas noticias: hay opciones físicas y mentales para reducir los niveles de ansiedad. Se discuten a fondo en este libro.

Espero que este libro le haya ayudado a señalar la ansiedad en el momento oportuno. Si recientemente ha luchado contra el miedo y el ataque de ansiedad, necesita combatirlo de inmediato identificando la raíz del problema. En resumen, este libro le ha guiado a responder las siguientes preguntas:

a. ¿Puede identificar la fuente de ansiedad en su entorno inmediato?

b. ¿Hay algún evento desafortunado que pueda ser una posible fuente de su ansiedad?

c. ¿Hay alguna reunión, evento o actividad que pueda desencadenar su ansiedad?

Después de la debida identificación de la fuente del miedo, usted puede aplicar fácilmente las formas y los planes de acción presentados en este libro.

A partir de las respuestas que obtenga, podrá saber fácilmente si sus temores y preocupaciones se pueden resolver. Al conocer su ansiedad, usted puede saber si tiene suficientes facultades para lidiar con ella en consecuencia.

Recuerde, hay casos en los que sólo el tiempo puede resolver el problema, y usted no puede hacer nada al respecto. Si piensa que la fuente de su ansiedad es la imaginación, necesita hacer un esfuerzo serio para quitarla de su conciencia. Si usted piensa que la fuente del miedo es algo real, entonces necesita seguir el plan de acción dado y responder las siguientes preguntas:

a. ¿Qué se puede hacer para reducir la intensidad de la ansiedad?

b. ¿Se puede arreglar en un corto periodo de tiempo o necesitará algo de tiempo?

c. Para evitar que el problema se repita, ¿qué se puede hacer?

Conclusión

Espero que este libro le haya ayudado a manejar sus problemas de ansiedad. No importa cómo elija controlar su ansiedad, recuerde que no hay nada anormal en estar ansioso. Trate de recordar que las cosas que está experimentando que le están causando ansiedad son cosas que no merecen tal reacción de su parte.

No hay un arreglo rápido o una solución que se adapte a todos cuando se trata de manejar la ansiedad. Requerirá mucho trabajo de su parte. Necesitará practicar las técnicas descritas en este libro y utilizarlas cuando sea necesario en su mejor capacidad para sacar el máximo provecho de ellas.

El siguiente paso es seguir adelante y utilizar la información de este libro.

Sobre el Co-Autor

Mi nombre es George Kaplo; Soy un entrenador personal certificado de Montreal, Canadá. Comenzaré diciendo que no soy el hombre más grande que conocerá y este nunca ha sido mi objetivo. De hecho, comencé a entrenar para superar mi mayor inseguridad cuando era más joven, que era mi autoconfianza. Esto se debió a mi altura que medía sólo 5 pies y 5 pulgadas (168 cm), me empujó hacia abajo para intentar cualquier cosa que siempre quise lograr en la vida. Puede que usted esté pasando por algunos desafíos en este momento, o simplemente puede querer ponerse en forma, y ciertamente puedo relacionarme.

Después de mucho trabajo, estudios e innumerables pruebas y errores, algunas personas comenzaron a notar cómo me estaba poniendo más en forma y cómo comenzaba a interesarme mucho por el tema. Esto hizo que muchos amigos y caras nuevas vinieran a verme y me pidieran consejos de entrenamiento. Al principio, parecía extraño cuando la gente me pedía que los ayudara a ponerse en forma. Pero lo que me mantuvo en marcha fue cuando comenzaron a ver cambios en su propio cuerpo y me dijeron que era la primera vez que veían resultados reales. A partir de ahí, más personas siguieron viniendo a mí, y me hizo darme cuenta después de tanto leer y estudiar en este campo que me ayudó pero también me permitió ayudar a otros. Ahora soy un entrenador personal certificado y he entrenado a muchos clientes que han logrado conseguir resultados sorprendentes.

Hoy, mi hermano Alex Kaplo (también Entrenador Personal Certificado) y yo somos dueños y operadores de esta empresa editorial, donde traemos autores apasionados y expertos para escribir sobre temas de salud y ejercicio. También tenemos un sitio web de ejercicios en línea llamado "HelpMeWorkout.com" y me gustaría conectarme con usted invitándole a visitar el sitio web en la página siguiente y registrarse en nuestro boletín electrónico (incluso obtendrá un libro gratis).

Por último, si usted está en la posición en la que estuve una vez y quiere orientación, no lo dude y pregúnteme ... ¡Estaré allí para ayudarle!

Su amigo y entrenador,

George Kaplo
Entrenador Personal Certificado

Consigua otro libro gratis

Quiero agradecerle por comprar este libro y ofrecerle otro libro (largo y valioso como este libro), "Errores de salud y de entrenamiento físico que no sabe que está cometiendo", completamente gratis.

Visite el siguiente enlace para registrarse y recibirlo: www.hmwpublishing.com/gift

En este libro, voy a desglosar los errores más comunes de salud y de entrenamiento físico, probablemente estés cometiendo en este momento, y le revelaré cómo puede llegar fácilmente a la mejor forma de su vida.

Además de este valioso regalo, también tendrá la oportunidad de obtener nuestros nuevos libros de forma gratuita, participar en sorteos y recibir otros correos electrónicos de mi parte. De nuevo, visite el enlace para registrarse: www.hmwpublishing.com/gift

Copyright 2018 de HMW Publishing - Todos los derechos reservados.

Este documento de HMW Publishing, propiedad de la compañía A & G Direct Inc, está orientado a proporcionar información exacta y confiable con respecto al tema y el tema cubierto. La publicación se vende con la idea de que el editor no está obligado a prestar servicios calificados, oficialmente autorizados o de otro modo calificados. Si es necesario un consejo, legal o profesional, se debe ordenar a un individuo practicado en la profesión.

De una Declaración de Principios que fue aceptada y aprobada por igual por un Comité del American Bar Association y un Comité de Editores y Asociaciones. De ninguna manera es legal reproducir, duplicar o transmitir cualquier parte de este documento en forma electrónica o impresa. La grabación de esta publicación está estrictamente prohibida, y no se permite el almacenamiento de este documento a menos que cuente con el permiso por escrito del editor. Todos los derechos reservados.

La información provista en este documento se afirma que es veraz y coherente, en el sentido de que cualquier responsabilidad, en términos de falta de atención o de otro tipo, por el uso o abuso de cualquier política, proceso o dirección contenida en el mismo es responsabilidad absoluta y exclusiva del lector receptor. Bajo ninguna circunstancia se responsabilizará o responsabilizará legalmente al editor por cualquier reparación, daño o pérdida monetaria debido a la información contenida en este documento, ya sea directa o indirectamente. La información en este documento se ofrece únicamente con fines informativos, y es universal como tal. La presentación de la información es sin contrato o con algún tipo de garantía garantizada.

Las marcas comerciales que se utilizan son sin consentimiento, y la publicación de la marca comercial es sin el permiso o el respaldo del propietario de la marca comercial. Todas las marcas comerciales y marcas dentro de este libro son sólo para fines de aclaración y pertenecen a los propios propietarios, no están afiliados a este documento

Para obtener más libros visite:

HMWPublishing.com

www.ingramcontent.com/pod-product-compliance
Lightning Source LLC
Chambersburg PA
CBHW070918080526
44589CB00013B/1351